This Appointment Book Belongs To:

_____

Copyright © Oceansound Sales International, Inc.
All Rights Reserved.

No part of this publication can be used or reproduced in any manner whatsoever without written permission except in the case of brief quotations embodied in critical articles and reviews.
First Edition: 2019

Week of ___ / ___

TIME		MONDAY	TUESDAY	WEDNESDAY	THURSDAY
8 AM	:00				
	:15				
	:30				
	:45				
9 AM	:00				
	:15				
	:30				
	:45				
10 AM	:00				
	:15				
	:30				
	:45				
11 AM	:00				
	:15				
	:30				
	:45				
12 PM	:00				
	:15				
	:30				
	:45				
1 PM	:00				
	:15				
	:30				
	:45				
2 PM	:00				
	:15				
	:30				
	:45				
3 PM	:00				
	:15				
	:30				
	:45				
4 PM	:00				
	:15				
	:30				
	:45				
5 PM	:00				
	:15				
	:30				
	:45				
6 PM	:00				
	:15				
	:30				
	:45				
7 PM	:00				
	:15				
	:30				
	:45				

Week of ___ / ___

TIME		FRIDAY	SATURDAY	SUNDAY	NOTES
8 AM	:00				
	:15				
	:30				
	:45				
9 AM	:00				
	:15				
	:30				
	:45				
10 AM	:00				
	:15				
	:30				
	:45				
11 AM	:00				
	:15				
	:30				
	:45				
12 PM	:00				
	:15				
	:30				
	:45				
1 PM	:00				
	:15				
	:30				
	:45				
2 PM	:00				
	:15				
	:30				
	:45				
3 PM	:00				
	:15				
	:30				
	:45				
4 PM	:00				
	:15				
	:30				
	:45				
5 PM	:00				
	:15				
	:30				
	:45				
6 PM	:00				
	:15				
	:30				
	:45				
7 PM	:00				
	:15				
	:30				
	:45				

Week of ___ / ___

TIME		MONDAY	TUESDAY	WEDNESDAY	THURSDAY
8 AM	:00				
	:15				
	:30				
	:45				
9 AM	:00				
	:15				
	:30				
	:45				
10 AM	:00				
	:15				
	:30				
	:45				
11 AM	:00				
	:15				
	:30				
	:45				
12 PM	:00				
	:15				
	:30				
	:45				
1 PM	:00				
	:15				
	:30				
	:45				
2 PM	:00				
	:15				
	:30				
	:45				
3 PM	:00				
	:15				
	:30				
	:45				
4 PM	:00				
	:15				
	:30				
	:45				
5 PM	:00				
	:15				
	:30				
	:45				
6 PM	:00				
	:15				
	:30				
	:45				
7 PM	:00				
	:15				
	:30				
	:45				

Week of ___ / ___

TIME		FRIDAY	SATURDAY	SUNDAY	NOTES
8 AM	:00				
	:15				
	:30				
	:45				
9 AM	:00				
	:15				
	:30				
	:45				
10 AM	:00				
	:15				
	:30				
	:45				
11 AM	:00				
	:15				
	:30				
	:45				
12 PM	:00				
	:15				
	:30				
	:45				
1 PM	:00				
	:15				
	:30				
	:45				
2 PM	:00				
	:15				
	:30				
	:45				
3 PM	:00				
	:15				
	:30				
	:45				
4 PM	:00				
	:15				
	:30				
	:45				
5 PM	:00				
	:15				
	:30				
	:45				
6 PM	:00				
	:15				
	:30				
	:45				
7 PM	:00				
	:15				
	:30				
	:45				

Week of ___ / ___

TIME		MONDAY	TUESDAY	WEDNESDAY	THURSDAY
8 AM	:00				
	:15				
	:30				
	:45				
9 AM	:00				
	:15				
	:30				
	:45				
10 AM	:00				
	:15				
	:30				
	:45				
11 AM	:00				
	:15				
	:30				
	:45				
12 PM	:00				
	:15				
	:30				
	:45				
1 PM	:00				
	:15				
	:30				
	:45				
2 PM	:00				
	:15				
	:30				
	:45				
3 PM	:00				
	:15				
	:30				
	:45				
4 PM	:00				
	:15				
	:30				
	:45				
5 PM	:00				
	:15				
	:30				
	:45				
6 PM	:00				
	:15				
	:30				
	:45				
7 PM	:00				
	:15				
	:30				
	:45				

Week of ___ / ___

TIME		FRIDAY	SATURDAY	SUNDAY	NOTES
8 AM	:00				
	:15				
	:30				
	:45				
9 AM	:00				
	:15				
	:30				
	:45				
10 AM	:00				
	:15				
	:30				
	:45				
11 AM	:00				
	:15				
	:30				
	:45				
12 PM	:00				
	:15				
	:30				
	:45				
1 PM	:00				
	:15				
	:30				
	:45				
2 PM	:00				
	:15				
	:30				
	:45				
3 PM	:00				
	:15				
	:30				
	:45				
4 PM	:00				
	:15				
	:30				
	:45				
5 PM	:00				
	:15				
	:30				
	:45				
6 PM	:00				
	:15				
	:30				
	:45				
7 PM	:00				
	:15				
	:30				
	:45				

Week of ___ / ___

TIME		MONDAY	TUESDAY	WEDNESDAY	THURSDAY
8 AM	:00				
	:15				
	:30				
	:45				
9 AM	:00				
	:15				
	:30				
	:45				
10 AM	:00				
	:15				
	:30				
	:45				
11 AM	:00				
	:15				
	:30				
	:45				
12 PM	:00				
	:15				
	:30				
	:45				
1 PM	:00				
	:15				
	:30				
	:45				
2 PM	:00				
	:15				
	:30				
	:45				
3 PM	:00				
	:15				
	:30				
	:45				
4 PM	:00				
	:15				
	:30				
	:45				
5 PM	:00				
	:15				
	:30				
	:45				
6 PM	:00				
	:15				
	:30				
	:45				
7 PM	:00				
	:15				
	:30				
	:45				

Week of ___ / ___

TIME		FRIDAY	SATURDAY	SUNDAY	NOTES
8 AM	:00				
	:15				
	:30				
	:45				
9 AM	:00				
	:15				
	:30				
	:45				
10 AM	:00				
	:15				
	:30				
	:45				
11 AM	:00				
	:15				
	:30				
	:45				
12 PM	:00				
	:15				
	:30				
	:45				
1 PM	:00				
	:15				
	:30				
	:45				
2 PM	:00				
	:15				
	:30				
	:45				
3 PM	:00				
	:15				
	:30				
	:45				
4 PM	:00				
	:15				
	:30				
	:45				
5 PM	:00				
	:15				
	:30				
	:45				
6 PM	:00				
	:15				
	:30				
	:45				
7 PM	:00				
	:15				
	:30				
	:45				

Week of ___ / ___

TIME		MONDAY	TUESDAY	WEDNESDAY	THURSDAY
8 AM	:00				
	:15				
	:30				
	:45				
9 AM	:00				
	:15				
	:30				
	:45				
10 AM	:00				
	:15				
	:30				
	:45				
11 AM	:00				
	:15				
	:30				
	:45				
12 PM	:00				
	:15				
	:30				
	:45				
1 PM	:00				
	:15				
	:30				
	:45				
2 PM	:00				
	:15				
	:30				
	:45				
3 PM	:00				
	:15				
	:30				
	:45				
4 PM	:00				
	:15				
	:30				
	:45				
5 PM	:00				
	:15				
	:30				
	:45				
6 PM	:00				
	:15				
	:30				
	:45				
7 PM	:00				
	:15				
	:30				
	:45				

Week of ___ / ___

TIME		FRIDAY	SATURDAY	SUNDAY	NOTES
8 AM	:00				
	:15				
	:30				
	:45				
9 AM	:00				
	:15				
	:30				
	:45				
10 AM	:00				
	:15				
	:30				
	:45				
11 AM	:00				
	:15				
	:30				
	:45				
12 PM	:00				
	:15				
	:30				
	:45				
1 PM	:00				
	:15				
	:30				
	:45				
2 PM	:00				
	:15				
	:30				
	:45				
3 PM	:00				
	:15				
	:30				
	:45				
4 PM	:00				
	:15				
	:30				
	:45				
5 PM	:00				
	:15				
	:30				
	:45				
6 PM	:00				
	:15				
	:30				
	:45				
7 PM	:00				
	:15				
	:30				
	:45				

Week of ___ / ___

TIME		MONDAY	TUESDAY	WEDNESDAY	THURSDAY
8 AM	:00				
	:15				
	:30				
	:45				
9 AM	:00				
	:15				
	:30				
	:45				
10 AM	:00				
	:15				
	:30				
	:45				
11 AM	:00				
	:15				
	:30				
	:45				
12 PM	:00				
	:15				
	:30				
	:45				
1 PM	:00				
	:15				
	:30				
	:45				
2 PM	:00				
	:15				
	:30				
	:45				
3 PM	:00				
	:15				
	:30				
	:45				
4 PM	:00				
	:15				
	:30				
	:45				
5 PM	:00				
	:15				
	:30				
	:45				
6 PM	:00				
	:15				
	:30				
	:45				
7 PM	:00				
	:15				
	:30				
	:45				
		MONDAY	TUESDAY	WEDNESDAY	THURSDAY

Week of ___ / ___

TIME		FRIDAY	SATURDAY	SUNDAY	NOTES
8 AM	:00				
	:15				
	:30				
	:45				
9 AM	:00				
	:15				
	:30				
	:45				
10 AM	:00				
	:15				
	:30				
	:45				
11 AM	:00				
	:15				
	:30				
	:45				
12 PM	:00				
	:15				
	:30				
	:45				
1 PM	:00				
	:15				
	:30				
	:45				
2 PM	:00				
	:15				
	:30				
	:45				
3 PM	:00				
	:15				
	:30				
	:45				
4 PM	:00				
	:15				
	:30				
	:45				
5 PM	:00				
	:15				
	:30				
	:45				
6 PM	:00				
	:15				
	:30				
	:45				
7 PM	:00				
	:15				
	:30				
	:45				

Week of ___ / ___

TIME		MONDAY	TUESDAY	WEDNESDAY	THURSDAY
8 AM	:00				
	:15				
	:30				
	:45				
9 AM	:00				
	:15				
	:30				
	:45				
10 AM	:00				
	:15				
	:30				
	:45				
11 AM	:00				
	:15				
	:30				
	:45				
12 PM	:00				
	:15				
	:30				
	:45				
1 PM	:00				
	:15				
	:30				
	:45				
2 PM	:00				
	:15				
	:30				
	:45				
3 PM	:00				
	:15				
	:30				
	:45				
4 PM	:00				
	:15				
	:30				
	:45				
5 PM	:00				
	:15				
	:30				
	:45				
6 PM	:00				
	:15				
	:30				
	:45				
7 PM	:00				
	:15				
	:30				
	:45				

Week of ___ / ___

TIME		FRIDAY	SATURDAY	SUNDAY	NOTES
8 AM	:00				
	:15				
	:30				
	:45				
9 AM	:00				
	:15				
	:30				
	:45				
10 AM	:00				
	:15				
	:30				
	:45				
11 AM	:00				
	:15				
	:30				
	:45				
12 PM	:00				
	:15				
	:30				
	:45				
1 PM	:00				
	:15				
	:30				
	:45				
2 PM	:00				
	:15				
	:30				
	:45				
3 PM	:00				
	:15				
	:30				
	:45				
4 PM	:00				
	:15				
	:30				
	:45				
5 PM	:00				
	:15				
	:30				
	:45				
6 PM	:00				
	:15				
	:30				
	:45				
7 PM	:00				
	:15				
	:30				
	:45				

Week of ___ / ___

TIME		MONDAY	TUESDAY	WEDNESDAY	THURSDAY
8 AM	:00				
	:15				
	:30				
	:45				
9 AM	:00				
	:15				
	:30				
	:45				
10 AM	:00				
	:15				
	:30				
	:45				
11 AM	:00				
	:15				
	:30				
	:45				
12 PM	:00				
	:15				
	:30				
	:45				
1 PM	:00				
	:15				
	:30				
	:45				
2 PM	:00				
	:15				
	:30				
	:45				
3 PM	:00				
	:15				
	:30				
	:45				
4 PM	:00				
	:15				
	:30				
	:45				
5 PM	:00				
	:15				
	:30				
	:45				
6 PM	:00				
	:15				
	:30				
	:45				
7 PM	:00				
	:15				
	:30				
	:45				

Week of ___ / ___

TIME		FRIDAY	SATURDAY	SUNDAY	NOTES
8 AM	:00				
	:15				
	:30				
	:45				
9 AM	:00				
	:15				
	:30				
	:45				
10 AM	:00				
	:15				
	:30				
	:45				
11 AM	:00				
	:15				
	:30				
	:45				
12 PM	:00				
	:15				
	:30				
	:45				
1 PM	:00				
	:15				
	:30				
	:45				
2 PM	:00				
	:15				
	:30				
	:45				
3 PM	:00				
	:15				
	:30				
	:45				
4 PM	:00				
	:15				
	:30				
	:45				
5 PM	:00				
	:15				
	:30				
	:45				
6 PM	:00				
	:15				
	:30				
	:45				
7 PM	:00				
	:15				
	:30				
	:45				

Week of ___ / ___

TIME		MONDAY	TUESDAY	WEDNESDAY	THURSDAY
8 AM	:00				
	:15				
	:30				
	:45				
9 AM	:00				
	:15				
	:30				
	:45				
10 AM	:00				
	:15				
	:30				
	:45				
11 AM	:00				
	:15				
	:30				
	:45				
12 PM	:00				
	:15				
	:30				
	:45				
1 PM	:00				
	:15				
	:30				
	:45				
2 PM	:00				
	:15				
	:30				
	:45				
3 PM	:00				
	:15				
	:30				
	:45				
4 PM	:00				
	:15				
	:30				
	:45				
5 PM	:00				
	:15				
	:30				
	:45				
6 PM	:00				
	:15				
	:30				
	:45				
7 PM	:00				
	:15				
	:30				
	:45				

Week of ___ / ___

TIME		FRIDAY	SATURDAY	SUNDAY	NOTES
8 AM	:00				
	:15				
	:30				
	:45				
9 AM	:00				
	:15				
	:30				
	:45				
10 AM	:00				
	:15				
	:30				
	:45				
11 AM	:00				
	:15				
	:30				
	:45				
12 PM	:00				
	:15				
	:30				
	:45				
1 PM	:00				
	:15				
	:30				
	:45				
2 PM	:00				
	:15				
	:30				
	:45				
3 PM	:00				
	:15				
	:30				
	:45				
4 PM	:00				
	:15				
	:30				
	:45				
5 PM	:00				
	:15				
	:30				
	:45				
6 PM	:00				
	:15				
	:30				
	:45				
7 PM	:00				
	:15				
	:30				
	:45				

Week of ___ / ___

TIME		MONDAY	TUESDAY	WEDNESDAY	THURSDAY
8 AM	:00				
	:15				
	:30				
	:45				
9 AM	:00				
	:15				
	:30				
	:45				
10 AM	:00				
	:15				
	:30				
	:45				
11 AM	:00				
	:15				
	:30				
	:45				
12 PM	:00				
	:15				
	:30				
	:45				
1 PM	:00				
	:15				
	:30				
	:45				
2 PM	:00				
	:15				
	:30				
	:45				
3 PM	:00				
	:15				
	:30				
	:45				
4 PM	:00				
	:15				
	:30				
	:45				
5 PM	:00				
	:15				
	:30				
	:45				
6 PM	:00				
	:15				
	:30				
	:45				
7 PM	:00				
	:15				
	:30				
	:45				

Week of ___ / ___

TIME		FRIDAY	SATURDAY	SUNDAY	NOTES
8 AM	:00				
	:15				
	:30				
	:45				
9 AM	:00				
	:15				
	:30				
	:45				
10 AM	:00				
	:15				
	:30				
	:45				
11 AM	:00				
	:15				
	:30				
	:45				
12 PM	:00				
	:15				
	:30				
	:45				
1 PM	:00				
	:15				
	:30				
	:45				
2 PM	:00				
	:15				
	:30				
	:45				
3 PM	:00				
	:15				
	:30				
	:45				
4 PM	:00				
	:15				
	:30				
	:45				
5 PM	:00				
	:15				
	:30				
	:45				
6 PM	:00				
	:15				
	:30				
	:45				
7 PM	:00				
	:15				
	:30				
	:45				

Week of ___ / ___

TIME		MONDAY	TUESDAY	WEDNESDAY	THURSDAY
8 AM	:00				
	:15				
	:30				
	:45				
9 AM	:00				
	:15				
	:30				
	:45				
10 AM	:00				
	:15				
	:30				
	:45				
11 AM	:00				
	:15				
	:30				
	:45				
12 PM	:00				
	:15				
	:30				
	:45				
1 PM	:00				
	:15				
	:30				
	:45				
2 PM	:00				
	:15				
	:30				
	:45				
3 PM	:00				
	:15				
	:30				
	:45				
4 PM	:00				
	:15				
	:30				
	:45				
5 PM	:00				
	:15				
	:30				
	:45				
6 PM	:00				
	:15				
	:30				
	:45				
7 PM	:00				
	:15				
	:30				
	:45				

Week of ___ / ___

TIME		FRIDAY	SATURDAY	SUNDAY	NOTES
8 AM	:00				
	:15				
	:30				
	:45				
9 AM	:00				
	:15				
	:30				
	:45				
10 AM	:00				
	:15				
	:30				
	:45				
11 AM	:00				
	:15				
	:30				
	:45				
12 PM	:00				
	:15				
	:30				
	:45				
1 PM	:00				
	:15				
	:30				
	:45				
2 PM	:00				
	:15				
	:30				
	:45				
3 PM	:00				
	:15				
	:30				
	:45				
4 PM	:00				
	:15				
	:30				
	:45				
5 PM	:00				
	:15				
	:30				
	:45				
6 PM	:00				
	:15				
	:30				
	:45				
7 PM	:00				
	:15				
	:30				
	:45				

Week of ___ / ___

TIME		MONDAY	TUESDAY	WEDNESDAY	THURSDAY
8 AM	:00				
	:15				
	:30				
	:45				
9 AM	:00				
	:15				
	:30				
	:45				
10 AM	:00				
	:15				
	:30				
	:45				
11 AM	:00				
	:15				
	:30				
	:45				
12 PM	:00				
	:15				
	:30				
	:45				
1 PM	:00				
	:15				
	:30				
	:45				
2 PM	:00				
	:15				
	:30				
	:45				
3 PM	:00				
	:15				
	:30				
	:45				
4 PM	:00				
	:15				
	:30				
	:45				
5 PM	:00				
	:15				
	:30				
	:45				
6 PM	:00				
	:15				
	:30				
	:45				
7 PM	:00				
	:15				
	:30				
	:45				

Week of ___ / ___

TIME		FRIDAY	SATURDAY	SUNDAY	NOTES
8 AM	:00				
	:15				
	:30				
	:45				
9 AM	:00				
	:15				
	:30				
	:45				
10 AM	:00				
	:15				
	:30				
	:45				
11 AM	:00				
	:15				
	:30				
	:45				
12 PM	:00				
	:15				
	:30				
	:45				
1 PM	:00				
	:15				
	:30				
	:45				
2 PM	:00				
	:15				
	:30				
	:45				
3 PM	:00				
	:15				
	:30				
	:45				
4 PM	:00				
	:15				
	:30				
	:45				
5 PM	:00				
	:15				
	:30				
	:45				
6 PM	:00				
	:15				
	:30				
	:45				
7 PM	:00				
	:15				
	:30				
	:45				

Week of ___ / ___

TIME		MONDAY	TUESDAY	WEDNESDAY	THURSDAY
8 AM	:00				
	:15				
	:30				
	:45				
9 AM	:00				
	:15				
	:30				
	:45				
10 AM	:00				
	:15				
	:30				
	:45				
11 AM	:00				
	:15				
	:30				
	:45				
12 PM	:00				
	:15				
	:30				
	:45				
1 PM	:00				
	:15				
	:30				
	:45				
2 PM	:00				
	:15				
	:30				
	:45				
3 PM	:00				
	:15				
	:30				
	:45				
4 PM	:00				
	:15				
	:30				
	:45				
5 PM	:00				
	:15				
	:30				
	:45				
6 PM	:00				
	:15				
	:30				
	:45				
7 PM	:00				
	:15				
	:30				
	:45				

Week of ___ / ___

TIME		FRIDAY	SATURDAY	SUNDAY	NOTES
8 AM	:00				
	:15				
	:30				
	:45				
9 AM	:00				
	:15				
	:30				
	:45				
10 AM	:00				
	:15				
	:30				
	:45				
11 AM	:00				
	:15				
	:30				
	:45				
12 PM	:00				
	:15				
	:30				
	:45				
1 PM	:00				
	:15				
	:30				
	:45				
2 PM	:00				
	:15				
	:30				
	:45				
3 PM	:00				
	:15				
	:30				
	:45				
4 PM	:00				
	:15				
	:30				
	:45				
5 PM	:00				
	:15				
	:30				
	:45				
6 PM	:00				
	:15				
	:30				
	:45				
7 PM	:00				
	:15				
	:30				
	:45				

Week of ___ / ___

TIME		MONDAY	TUESDAY	WEDNESDAY	THURSDAY
8 AM	:00				
	:15				
	:30				
	:45				
9 AM	:00				
	:15				
	:30				
	:45				
10 AM	:00				
	:15				
	:30				
	:45				
11 AM	:00				
	:15				
	:30				
	:45				
12 PM	:00				
	:15				
	:30				
	:45				
1 PM	:00				
	:15				
	:30				
	:45				
2 PM	:00				
	:15				
	:30				
	:45				
3 PM	:00				
	:15				
	:30				
	:45				
4 PM	:00				
	:15				
	:30				
	:45				
5 PM	:00				
	:15				
	:30				
	:45				
6 PM	:00				
	:15				
	:30				
	:45				
7 PM	:00				
	:15				
	:30				
	:45				

Week of ___ / ___

TIME		FRIDAY	SATURDAY	SUNDAY	NOTES
8 AM	:00				
	:15				
	:30				
	:45				
9 AM	:00				
	:15				
	:30				
	:45				
10 AM	:00				
	:15				
	:30				
	:45				
11 AM	:00				
	:15				
	:30				
	:45				
12 PM	:00				
	:15				
	:30				
	:45				
1 PM	:00				
	:15				
	:30				
	:45				
2 PM	:00				
	:15				
	:30				
	:45				
3 PM	:00				
	:15				
	:30				
	:45				
4 PM	:00				
	:15				
	:30				
	:45				
5 PM	:00				
	:15				
	:30				
	:45				
6 PM	:00				
	:15				
	:30				
	:45				
7 PM	:00				
	:15				
	:30				
	:45				

Week of ___ / ___

TIME		MONDAY	TUESDAY	WEDNESDAY	THURSDAY
8 AM	:00				
	:15				
	:30				
	:45				
9 AM	:00				
	:15				
	:30				
	:45				
10 AM	:00				
	:15				
	:30				
	:45				
11 AM	:00				
	:15				
	:30				
	:45				
12 PM	:00				
	:15				
	:30				
	:45				
1 PM	:00				
	:15				
	:30				
	:45				
2 PM	:00				
	:15				
	:30				
	:45				
3 PM	:00				
	:15				
	:30				
	:45				
4 PM	:00				
	:15				
	:30				
	:45				
5 PM	:00				
	:15				
	:30				
	:45				
6 PM	:00				
	:15				
	:30				
	:45				
7 PM	:00				
	:15				
	:30				
	:45				

Week of ___ / ___

TIME		FRIDAY	SATURDAY	SUNDAY	NOTES
8 AM	:00				
	:15				
	:30				
	:45				
9 AM	:00				
	:15				
	:30				
	:45				
10 AM	:00				
	:15				
	:30				
	:45				
11 AM	:00				
	:15				
	:30				
	:45				
12 PM	:00				
	:15				
	:30				
	:45				
1 PM	:00				
	:15				
	:30				
	:45				
2 PM	:00				
	:15				
	:30				
	:45				
3 PM	:00				
	:15				
	:30				
	:45				
4 PM	:00				
	:15				
	:30				
	:45				
5 PM	:00				
	:15				
	:30				
	:45				
6 PM	:00				
	:15				
	:30				
	:45				
7 PM	:00				
	:15				
	:30				
	:45				

Week of ___ / ___

TIME		MONDAY	TUESDAY	WEDNESDAY	THURSDAY
8 AM	:00				
	:15				
	:30				
	:45				
9 AM	:00				
	:15				
	:30				
	:45				
10 AM	:00				
	:15				
	:30				
	:45				
11 AM	:00				
	:15				
	:30				
	:45				
12 PM	:00				
	:15				
	:30				
	:45				
1 PM	:00				
	:15				
	:30				
	:45				
2 PM	:00				
	:15				
	:30				
	:45				
3 PM	:00				
	:15				
	:30				
	:45				
4 PM	:00				
	:15				
	:30				
	:45				
5 PM	:00				
	:15				
	:30				
	:45				
6 PM	:00				
	:15				
	:30				
	:45				
7 PM	:00				
	:15				
	:30				
	:45				

Week of ___ / ___

TIME		FRIDAY	SATURDAY	SUNDAY	NOTES
8 AM	:00				
	:15				
	:30				
	:45				
9 AM	:00				
	:15				
	:30				
	:45				
10 AM	:00				
	:15				
	:30				
	:45				
11 AM	:00				
	:15				
	:30				
	:45				
12 PM	:00				
	:15				
	:30				
	:45				
1 PM	:00				
	:15				
	:30				
	:45				
2 PM	:00				
	:15				
	:30				
	:45				
3 PM	:00				
	:15				
	:30				
	:45				
4 PM	:00				
	:15				
	:30				
	:45				
5 PM	:00				
	:15				
	:30				
	:45				
6 PM	:00				
	:15				
	:30				
	:45				
7 PM	:00				
	:15				
	:30				
	:45				

Week of ___ / ___

TIME		MONDAY	TUESDAY	WEDNESDAY	THURSDAY
8 AM	:00				
	:15				
	:30				
	:45				
9 AM	:00				
	:15				
	:30				
	:45				
10 AM	:00				
	:15				
	:30				
	:45				
11 AM	:00				
	:15				
	:30				
	:45				
12 PM	:00				
	:15				
	:30				
	:45				
1 PM	:00				
	:15				
	:30				
	:45				
2 PM	:00				
	:15				
	:30				
	:45				
3 PM	:00				
	:15				
	:30				
	:45				
4 PM	:00				
	:15				
	:30				
	:45				
5 PM	:00				
	:15				
	:30				
	:45				
6 PM	:00				
	:15				
	:30				
	:45				
7 PM	:00				
	:15				
	:30				
	:45				

Week of ___ / ___

TIME		FRIDAY	SATURDAY	SUNDAY	NOTES
8 AM	:00				
	:15				
	:30				
	:45				
9 AM	:00				
	:15				
	:30				
	:45				
10 AM	:00				
	:15				
	:30				
	:45				
11 AM	:00				
	:15				
	:30				
	:45				
12 PM	:00				
	:15				
	:30				
	:45				
1 PM	:00				
	:15				
	:30				
	:45				
2 PM	:00				
	:15				
	:30				
	:45				
3 PM	:00				
	:15				
	:30				
	:45				
4 PM	:00				
	:15				
	:30				
	:45				
5 PM	:00				
	:15				
	:30				
	:45				
6 PM	:00				
	:15				
	:30				
	:45				
7 PM	:00				
	:15				
	:30				
	:45				
TIME		FRIDAY	SATURDAY	SUNDAY	NOTES

Week of ___ / ___

TIME		MONDAY	TUESDAY	WEDNESDAY	THURSDAY
8 AM	:00				
	:15				
	:30				
	:45				
9 AM	:00				
	:15				
	:30				
	:45				
10 AM	:00				
	:15				
	:30				
	:45				
11 AM	:00				
	:15				
	:30				
	:45				
12 PM	:00				
	:15				
	:30				
	:45				
1 PM	:00				
	:15				
	:30				
	:45				
2 PM	:00				
	:15				
	:30				
	:45				
3 PM	:00				
	:15				
	:30				
	:45				
4 PM	:00				
	:15				
	:30				
	:45				
5 PM	:00				
	:15				
	:30				
	:45				
6 PM	:00				
	:15				
	:30				
	:45				
7 PM	:00				
	:15				
	:30				
	:45				

Week of ___ / ___

TIME		FRIDAY	SATURDAY	SUNDAY	NOTES
8 AM	:00				
	:15				
	:30				
	:45				
9 AM	:00				
	:15				
	:30				
	:45				
10 AM	:00				
	:15				
	:30				
	:45				
11 AM	:00				
	:15				
	:30				
	:45				
12 PM	:00				
	:15				
	:30				
	:45				
1 PM	:00				
	:15				
	:30				
	:45				
2 PM	:00				
	:15				
	:30				
	:45				
3 PM	:00				
	:15				
	:30				
	:45				
4 PM	:00				
	:15				
	:30				
	:45				
5 PM	:00				
	:15				
	:30				
	:45				
6 PM	:00				
	:15				
	:30				
	:45				
7 PM	:00				
	:15				
	:30				
	:45				

Week of ___ / ___

TIME		MONDAY	TUESDAY	WEDNESDAY	THURSDAY
8 AM	:00				
	:15				
	:30				
	:45				
9 AM	:00				
	:15				
	:30				
	:45				
10 AM	:00				
	:15				
	:30				
	:45				
11 AM	:00				
	:15				
	:30				
	:45				
12 PM	:00				
	:15				
	:30				
	:45				
1 PM	:00				
	:15				
	:30				
	:45				
2 PM	:00				
	:15				
	:30				
	:45				
3 PM	:00				
	:15				
	:30				
	:45				
4 PM	:00				
	:15				
	:30				
	:45				
5 PM	:00				
	:15				
	:30				
	:45				
6 PM	:00				
	:15				
	:30				
	:45				
7 PM	:00				
	:15				
	:30				
	:45				

Week of ___ / ___

TIME		FRIDAY	SATURDAY	SUNDAY	NOTES
8 AM	:00				
	:15				
	:30				
	:45				
9 AM	:00				
	:15				
	:30				
	:45				
10 AM	:00				
	:15				
	:30				
	:45				
11 AM	:00				
	:15				
	:30				
	:45				
12 PM	:00				
	:15				
	:30				
	:45				
1 PM	:00				
	:15				
	:30				
	:45				
2 PM	:00				
	:15				
	:30				
	:45				
3 PM	:00				
	:15				
	:30				
	:45				
4 PM	:00				
	:15				
	:30				
	:45				
5 PM	:00				
	:15				
	:30				
	:45				
6 PM	:00				
	:15				
	:30				
	:45				
7 PM	:00				
	:15				
	:30				
	:45				

Week of ___ / ___

TIME		MONDAY	TUESDAY	WEDNESDAY	THURSDAY
8 AM	:00				
	:15				
	:30				
	:45				
9 AM	:00				
	:15				
	:30				
	:45				
10 AM	:00				
	:15				
	:30				
	:45				
11 AM	:00				
	:15				
	:30				
	:45				
12 PM	:00				
	:15				
	:30				
	:45				
1 PM	:00				
	:15				
	:30				
	:45				
2 PM	:00				
	:15				
	:30				
	:45				
3 PM	:00				
	:15				
	:30				
	:45				
4 PM	:00				
	:15				
	:30				
	:45				
5 PM	:00				
	:15				
	:30				
	:45				
6 PM	:00				
	:15				
	:30				
	:45				
7 PM	:00				
	:15				
	:30				
	:45				

Week of ___ / ___

TIME		FRIDAY	SATURDAY	SUNDAY	NOTES
8 AM	:00				
	:15				
	:30				
	:45				
9 AM	:00				
	:15				
	:30				
	:45				
10 AM	:00				
	:15				
	:30				
	:45				
11 AM	:00				
	:15				
	:30				
	:45				
12 PM	:00				
	:15				
	:30				
	:45				
1 PM	:00				
	:15				
	:30				
	:45				
2 PM	:00				
	:15				
	:30				
	:45				
3 PM	:00				
	:15				
	:30				
	:45				
4 PM	:00				
	:15				
	:30				
	:45				
5 PM	:00				
	:15				
	:30				
	:45				
6 PM	:00				
	:15				
	:30				
	:45				
7 PM	:00				
	:15				
	:30				
	:45				

Week of ___ / ___

TIME		MONDAY	TUESDAY	WEDNESDAY	THURSDAY
8 AM	:00				
	:15				
	:30				
	:45				
9 AM	:00				
	:15				
	:30				
	:45				
10 AM	:00				
	:15				
	:30				
	:45				
11 AM	:00				
	:15				
	:30				
	:45				
12 PM	:00				
	:15				
	:30				
	:45				
1 PM	:00				
	:15				
	:30				
	:45				
2 PM	:00				
	:15				
	:30				
	:45				
3 PM	:00				
	:15				
	:30				
	:45				
4 PM	:00				
	:15				
	:30				
	:45				
5 PM	:00				
	:15				
	:30				
	:45				
6 PM	:00				
	:15				
	:30				
	:45				
7 PM	:00				
	:15				
	:30				
	:45				

Week of ___ / ___

TIME		FRIDAY	SATURDAY	SUNDAY	NOTES
8 AM	:00				
	:15				
	:30				
	:45				
9 AM	:00				
	:15				
	:30				
	:45				
10 AM	:00				
	:15				
	:30				
	:45				
11 AM	:00				
	:15				
	:30				
	:45				
12 PM	:00				
	:15				
	:30				
	:45				
1 PM	:00				
	:15				
	:30				
	:45				
2 PM	:00				
	:15				
	:30				
	:45				
3 PM	:00				
	:15				
	:30				
	:45				
4 PM	:00				
	:15				
	:30				
	:45				
5 PM	:00				
	:15				
	:30				
	:45				
6 PM	:00				
	:15				
	:30				
	:45				
7 PM	:00				
	:15				
	:30				
	:45				

Week of ___ / ___

TIME		MONDAY	TUESDAY	WEDNESDAY	THURSDAY
8 AM	:00				
	:15				
	:30				
	:45				
9 AM	:00				
	:15				
	:30				
	:45				
10 AM	:00				
	:15				
	:30				
	:45				
11 AM	:00				
	:15				
	:30				
	:45				
12 PM	:00				
	:15				
	:30				
	:45				
1 PM	:00				
	:15				
	:30				
	:45				
2 PM	:00				
	:15				
	:30				
	:45				
3 PM	:00				
	:15				
	:30				
	:45				
4 PM	:00				
	:15				
	:30				
	:45				
5 PM	:00				
	:15				
	:30				
	:45				
6 PM	:00				
	:15				
	:30				
	:45				
7 PM	:00				
	:15				
	:30				
	:45				

Week of ___ / ___

TIME		FRIDAY	SATURDAY	SUNDAY	NOTES
8 AM	:00				
	:15				
	:30				
	:45				
9 AM	:00				
	:15				
	:30				
	:45				
10 AM	:00				
	:15				
	:30				
	:45				
11 AM	:00				
	:15				
	:30				
	:45				
12 PM	:00				
	:15				
	:30				
	:45				
1 PM	:00				
	:15				
	:30				
	:45				
2 PM	:00				
	:15				
	:30				
	:45				
3 PM	:00				
	:15				
	:30				
	:45				
4 PM	:00				
	:15				
	:30				
	:45				
5 PM	:00				
	:15				
	:30				
	:45				
6 PM	:00				
	:15				
	:30				
	:45				
7 PM	:00				
	:15				
	:30				
	:45				

Week of ___ / ___

TIME		MONDAY	TUESDAY	WEDNESDAY	THURSDAY
8 AM	:00				
	:15				
	:30				
	:45				
9 AM	:00				
	:15				
	:30				
	:45				
10 AM	:00				
	:15				
	:30				
	:45				
11 AM	:00				
	:15				
	:30				
	:45				
12 PM	:00				
	:15				
	:30				
	:45				
1 PM	:00				
	:15				
	:30				
	:45				
2 PM	:00				
	:15				
	:30				
	:45				
3 PM	:00				
	:15				
	:30				
	:45				
4 PM	:00				
	:15				
	:30				
	:45				
5 PM	:00				
	:15				
	:30				
	:45				
6 PM	:00				
	:15				
	:30				
	:45				
7 PM	:00				
	:15				
	:30				
	:45				

Week of ___ / ___

TIME		FRIDAY	SATURDAY	SUNDAY	NOTES
8 AM	:00				
	:15				
	:30				
	:45				
9 AM	:00				
	:15				
	:30				
	:45				
10 AM	:00				
	:15				
	:30				
	:45				
11 AM	:00				
	:15				
	:30				
	:45				
12 PM	:00				
	:15				
	:30				
	:45				
1 PM	:00				
	:15				
	:30				
	:45				
2 PM	:00				
	:15				
	:30				
	:45				
3 PM	:00				
	:15				
	:30				
	:45				
4 PM	:00				
	:15				
	:30				
	:45				
5 PM	:00				
	:15				
	:30				
	:45				
6 PM	:00				
	:15				
	:30				
	:45				
7 PM	:00				
	:15				
	:30				
	:45				

Week of ___ / ___

TIME		MONDAY	TUESDAY	WEDNESDAY	THURSDAY
8 AM	:00				
	:15				
	:30				
	:45				
9 AM	:00				
	:15				
	:30				
	:45				
10 AM	:00				
	:15				
	:30				
	:45				
11 AM	:00				
	:15				
	:30				
	:45				
12 PM	:00				
	:15				
	:30				
	:45				
1 PM	:00				
	:15				
	:30				
	:45				
2 PM	:00				
	:15				
	:30				
	:45				
3 PM	:00				
	:15				
	:30				
	:45				
4 PM	:00				
	:15				
	:30				
	:45				
5 PM	:00				
	:15				
	:30				
	:45				
6 PM	:00				
	:15				
	:30				
	:45				
7 PM	:00				
	:15				
	:30				
	:45				

Week of ___ / ___

TIME		FRIDAY	SATURDAY	SUNDAY	NOTES
8 AM	:00				
	:15				
	:30				
	:45				
9 AM	:00				
	:15				
	:30				
	:45				
10 AM	:00				
	:15				
	:30				
	:45				
11 AM	:00				
	:15				
	:30				
	:45				
12 PM	:00				
	:15				
	:30				
	:45				
1 PM	:00				
	:15				
	:30				
	:45				
2 PM	:00				
	:15				
	:30				
	:45				
3 PM	:00				
	:15				
	:30				
	:45				
4 PM	:00				
	:15				
	:30				
	:45				
5 PM	:00				
	:15				
	:30				
	:45				
6 PM	:00				
	:15				
	:30				
	:45				
7 PM	:00				
	:15				
	:30				
	:45				

Week of ___ / ___

TIME		MONDAY	TUESDAY	WEDNESDAY	THURSDAY
8 AM	:00				
	:15				
	:30				
	:45				
9 AM	:00				
	:15				
	:30				
	:45				
10 AM	:00				
	:15				
	:30				
	:45				
11 AM	:00				
	:15				
	:30				
	:45				
12 PM	:00				
	:15				
	:30				
	:45				
1 PM	:00				
	:15				
	:30				
	:45				
2 PM	:00				
	:15				
	:30				
	:45				
3 PM	:00				
	:15				
	:30				
	:45				
4 PM	:00				
	:15				
	:30				
	:45				
5 PM	:00				
	:15				
	:30				
	:45				
6 PM	:00				
	:15				
	:30				
	:45				
7 PM	:00				
	:15				
	:30				
	:45				

Week of ___ / ___

TIME		FRIDAY	SATURDAY	SUNDAY	NOTES
8 AM	:00				
	:15				
	:30				
	:45				
9 AM	:00				
	:15				
	:30				
	:45				
10 AM	:00				
	:15				
	:30				
	:45				
11 AM	:00				
	:15				
	:30				
	:45				
12 PM	:00				
	:15				
	:30				
	:45				
1 PM	:00				
	:15				
	:30				
	:45				
2 PM	:00				
	:15				
	:30				
	:45				
3 PM	:00				
	:15				
	:30				
	:45				
4 PM	:00				
	:15				
	:30				
	:45				
5 PM	:00				
	:15				
	:30				
	:45				
6 PM	:00				
	:15				
	:30				
	:45				
7 PM	:00				
	:15				
	:30				
	:45				

Week of ___ / ___

TIME		MONDAY	TUESDAY	WEDNESDAY	THURSDAY
8 AM	:00				
	:15				
	:30				
	:45				
9 AM	:00				
	:15				
	:30				
	:45				
10 AM	:00				
	:15				
	:30				
	:45				
11 AM	:00				
	:15				
	:30				
	:45				
12 PM	:00				
	:15				
	:30				
	:45				
1 PM	:00				
	:15				
	:30				
	:45				
2 PM	:00				
	:15				
	:30				
	:45				
3 PM	:00				
	:15				
	:30				
	:45				
4 PM	:00				
	:15				
	:30				
	:45				
5 PM	:00				
	:15				
	:30				
	:45				
6 PM	:00				
	:15				
	:30				
	:45				
7 PM	:00				
	:15				
	:30				
	:45				

Week of ___ / ___

TIME		FRIDAY	SATURDAY	SUNDAY	NOTES
8 AM	:00				
	:15				
	:30				
	:45				
9 AM	:00				
	:15				
	:30				
	:45				
10 AM	:00				
	:15				
	:30				
	:45				
11 AM	:00				
	:15				
	:30				
	:45				
12 PM	:00				
	:15				
	:30				
	:45				
1 PM	:00				
	:15				
	:30				
	:45				
2 PM	:00				
	:15				
	:30				
	:45				
3 PM	:00				
	:15				
	:30				
	:45				
4 PM	:00				
	:15				
	:30				
	:45				
5 PM	:00				
	:15				
	:30				
	:45				
6 PM	:00				
	:15				
	:30				
	:45				
7 PM	:00				
	:15				
	:30				
	:45				

Week of ___ / ___

TIME		MONDAY	TUESDAY	WEDNESDAY	THURSDAY
8 AM	:00				
	:15				
	:30				
	:45				
9 AM	:00				
	:15				
	:30				
	:45				
10 AM	:00				
	:15				
	:30				
	:45				
11 AM	:00				
	:15				
	:30				
	:45				
12 PM	:00				
	:15				
	:30				
	:45				
1 PM	:00				
	:15				
	:30				
	:45				
2 PM	:00				
	:15				
	:30				
	:45				
3 PM	:00				
	:15				
	:30				
	:45				
4 PM	:00				
	:15				
	:30				
	:45				
5 PM	:00				
	:15				
	:30				
	:45				
6 PM	:00				
	:15				
	:30				
	:45				
7 PM	:00				
	:15				
	:30				
	:45				

Week of ___ / ___

TIME		FRIDAY	SATURDAY	SUNDAY	NOTES
8 AM	:00				
	:15				
	:30				
	:45				
9 AM	:00				
	:15				
	:30				
	:45				
10 AM	:00				
	:15				
	:30				
	:45				
11 AM	:00				
	:15				
	:30				
	:45				
12 PM	:00				
	:15				
	:30				
	:45				
1 PM	:00				
	:15				
	:30				
	:45				
2 PM	:00				
	:15				
	:30				
	:45				
3 PM	:00				
	:15				
	:30				
	:45				
4 PM	:00				
	:15				
	:30				
	:45				
5 PM	:00				
	:15				
	:30				
	:45				
6 PM	:00				
	:15				
	:30				
	:45				
7 PM	:00				
	:15				
	:30				
	:45				

Week of ___ / ___

TIME		MONDAY	TUESDAY	WEDNESDAY	THURSDAY
8 AM	:00				
	:15				
	:30				
	:45				
9 AM	:00				
	:15				
	:30				
	:45				
10 AM	:00				
	:15				
	:30				
	:45				
11 AM	:00				
	:15				
	:30				
	:45				
12 PM	:00				
	:15				
	:30				
	:45				
1 PM	:00				
	:15				
	:30				
	:45				
2 PM	:00				
	:15				
	:30				
	:45				
3 PM	:00				
	:15				
	:30				
	:45				
4 PM	:00				
	:15				
	:30				
	:45				
5 PM	:00				
	:15				
	:30				
	:45				
6 PM	:00				
	:15				
	:30				
	:45				
7 PM	:00				
	:15				
	:30				
	:45				

Week of ___ / ___

TIME		FRIDAY	SATURDAY	SUNDAY	NOTES
8 AM	:00				
	:15				
	:30				
	:45				
9 AM	:00				
	:15				
	:30				
	:45				
10 AM	:00				
	:15				
	:30				
	:45				
11 AM	:00				
	:15				
	:30				
	:45				
12 PM	:00				
	:15				
	:30				
	:45				
1 PM	:00				
	:15				
	:30				
	:45				
2 PM	:00				
	:15				
	:30				
	:45				
3 PM	:00				
	:15				
	:30				
	:45				
4 PM	:00				
	:15				
	:30				
	:45				
5 PM	:00				
	:15				
	:30				
	:45				
6 PM	:00				
	:15				
	:30				
	:45				
7 PM	:00				
	:15				
	:30				
	:45				

Week of ___ / ___

TIME		MONDAY	TUESDAY	WEDNESDAY	THURSDAY
8 AM	:00				
	:15				
	:30				
	:45				
9 AM	:00				
	:15				
	:30				
	:45				
10 AM	:00				
	:15				
	:30				
	:45				
11 AM	:00				
	:15				
	:30				
	:45				
12 PM	:00				
	:15				
	:30				
	:45				
1 PM	:00				
	:15				
	:30				
	:45				
2 PM	:00				
	:15				
	:30				
	:45				
3 PM	:00				
	:15				
	:30				
	:45				
4 PM	:00				
	:15				
	:30				
	:45				
5 PM	:00				
	:15				
	:30				
	:45				
6 PM	:00				
	:15				
	:30				
	:45				
7 PM	:00				
	:15				
	:30				
	:45				

Week of ___ / ___

TIME		FRIDAY	SATURDAY	SUNDAY	NOTES
8 AM	:00				
	:15				
	:30				
	:45				
9 AM	:00				
	:15				
	:30				
	:45				
10 AM	:00				
	:15				
	:30				
	:45				
11 AM	:00				
	:15				
	:30				
	:45				
12 PM	:00				
	:15				
	:30				
	:45				
1 PM	:00				
	:15				
	:30				
	:45				
2 PM	:00				
	:15				
	:30				
	:45				
3 PM	:00				
	:15				
	:30				
	:45				
4 PM	:00				
	:15				
	:30				
	:45				
5 PM	:00				
	:15				
	:30				
	:45				
6 PM	:00				
	:15				
	:30				
	:45				
7 PM	:00				
	:15				
	:30				
	:45				

Week of ___ / ___

TIME		MONDAY	TUESDAY	WEDNESDAY	THURSDAY
8 AM	:00				
	:15				
	:30				
	:45				
9 AM	:00				
	:15				
	:30				
	:45				
10 AM	:00				
	:15				
	:30				
	:45				
11 AM	:00				
	:15				
	:30				
	:45				
12 PM	:00				
	:15				
	:30				
	:45				
1 PM	:00				
	:15				
	:30				
	:45				
2 PM	:00				
	:15				
	:30				
	:45				
3 PM	:00				
	:15				
	:30				
	:45				
4 PM	:00				
	:15				
	:30				
	:45				
5 PM	:00				
	:15				
	:30				
	:45				
6 PM	:00				
	:15				
	:30				
	:45				
7 PM	:00				
	:15				
	:30				
	:45				

Week of ___ / ___

TIME		FRIDAY	SATURDAY	SUNDAY	NOTES
8 AM	:00				
	:15				
	:30				
	:45				
9 AM	:00				
	:15				
	:30				
	:45				
10 AM	:00				
	:15				
	:30				
	:45				
11 AM	:00				
	:15				
	:30				
	:45				
12 PM	:00				
	:15				
	:30				
	:45				
1 PM	:00				
	:15				
	:30				
	:45				
2 PM	:00				
	:15				
	:30				
	:45				
3 PM	:00				
	:15				
	:30				
	:45				
4 PM	:00				
	:15				
	:30				
	:45				
5 PM	:00				
	:15				
	:30				
	:45				
6 PM	:00				
	:15				
	:30				
	:45				
7 PM	:00				
	:15				
	:30				
	:45				

Week of ___ / ___

TIME		MONDAY	TUESDAY	WEDNESDAY	THURSDAY
8 AM	:00				
	:15				
	:30				
	:45				
9 AM	:00				
	:15				
	:30				
	:45				
10 AM	:00				
	:15				
	:30				
	:45				
11 AM	:00				
	:15				
	:30				
	:45				
12 PM	:00				
	:15				
	:30				
	:45				
1 PM	:00				
	:15				
	:30				
	:45				
2 PM	:00				
	:15				
	:30				
	:45				
3 PM	:00				
	:15				
	:30				
	:45				
4 PM	:00				
	:15				
	:30				
	:45				
5 PM	:00				
	:15				
	:30				
	:45				
6 PM	:00				
	:15				
	:30				
	:45				
7 PM	:00				
	:15				
	:30				
	:45				

Week of ___ / ___

TIME		FRIDAY	SATURDAY	SUNDAY	NOTES
8 AM	:00				
	:15				
	:30				
	:45				
9 AM	:00				
	:15				
	:30				
	:45				
10 AM	:00				
	:15				
	:30				
	:45				
11 AM	:00				
	:15				
	:30				
	:45				
12 PM	:00				
	:15				
	:30				
	:45				
1 PM	:00				
	:15				
	:30				
	:45				
2 PM	:00				
	:15				
	:30				
	:45				
3 PM	:00				
	:15				
	:30				
	:45				
4 PM	:00				
	:15				
	:30				
	:45				
5 PM	:00				
	:15				
	:30				
	:45				
6 PM	:00				
	:15				
	:30				
	:45				
7 PM	:00				
	:15				
	:30				
	:45				

Week of ___ / ___

TIME		MONDAY	TUESDAY	WEDNESDAY	THURSDAY
8 AM	:00				
	:15				
	:30				
	:45				
9 AM	:00				
	:15				
	:30				
	:45				
10 AM	:00				
	:15				
	:30				
	:45				
11 AM	:00				
	:15				
	:30				
	:45				
12 PM	:00				
	:15				
	:30				
	:45				
1 PM	:00				
	:15				
	:30				
	:45				
2 PM	:00				
	:15				
	:30				
	:45				
3 PM	:00				
	:15				
	:30				
	:45				
4 PM	:00				
	:15				
	:30				
	:45				
5 PM	:00				
	:15				
	:30				
	:45				
6 PM	:00				
	:15				
	:30				
	:45				
7 PM	:00				
	:15				
	:30				
	:45				

Week of ___ / ___

TIME		FRIDAY	SATURDAY	SUNDAY	NOTES
8 AM	:00				
	:15				
	:30				
	:45				
9 AM	:00				
	:15				
	:30				
	:45				
10 AM	:00				
	:15				
	:30				
	:45				
11 AM	:00				
	:15				
	:30				
	:45				
12 PM	:00				
	:15				
	:30				
	:45				
1 PM	:00				
	:15				
	:30				
	:45				
2 PM	:00				
	:15				
	:30				
	:45				
3 PM	:00				
	:15				
	:30				
	:45				
4 PM	:00				
	:15				
	:30				
	:45				
5 PM	:00				
	:15				
	:30				
	:45				
6 PM	:00				
	:15				
	:30				
	:45				
7 PM	:00				
	:15				
	:30				
	:45				

Week of ___ / ___

TIME		MONDAY	TUESDAY	WEDNESDAY	THURSDAY
8 AM	:00				
	:15				
	:30				
	:45				
9 AM	:00				
	:15				
	:30				
	:45				
10 AM	:00				
	:15				
	:30				
	:45				
11 AM	:00				
	:15				
	:30				
	:45				
12 PM	:00				
	:15				
	:30				
	:45				
1 PM	:00				
	:15				
	:30				
	:45				
2 PM	:00				
	:15				
	:30				
	:45				
3 PM	:00				
	:15				
	:30				
	:45				
4 PM	:00				
	:15				
	:30				
	:45				
5 PM	:00				
	:15				
	:30				
	:45				
6 PM	:00				
	:15				
	:30				
	:45				
7 PM	:00				
	:15				
	:30				
	:45				

Week of ___ / ___

TIME		FRIDAY	SATURDAY	SUNDAY	NOTES
8 AM	:00				
	:15				
	:30				
	:45				
9 AM	:00				
	:15				
	:30				
	:45				
10 AM	:00				
	:15				
	:30				
	:45				
11 AM	:00				
	:15				
	:30				
	:45				
12 PM	:00				
	:15				
	:30				
	:45				
1 PM	:00				
	:15				
	:30				
	:45				
2 PM	:00				
	:15				
	:30				
	:45				
3 PM	:00				
	:15				
	:30				
	:45				
4 PM	:00				
	:15				
	:30				
	:45				
5 PM	:00				
	:15				
	:30				
	:45				
6 PM	:00				
	:15				
	:30				
	:45				
7 PM	:00				
	:15				
	:30				
	:45				

Week of ___ / ___

TIME		MONDAY	TUESDAY	WEDNESDAY	THURSDAY
8 AM	:00				
	:15				
	:30				
	:45				
9 AM	:00				
	:15				
	:30				
	:45				
10 AM	:00				
	:15				
	:30				
	:45				
11 AM	:00				
	:15				
	:30				
	:45				
12 PM	:00				
	:15				
	:30				
	:45				
1 PM	:00				
	:15				
	:30				
	:45				
2 PM	:00				
	:15				
	:30				
	:45				
3 PM	:00				
	:15				
	:30				
	:45				
4 PM	:00				
	:15				
	:30				
	:45				
5 PM	:00				
	:15				
	:30				
	:45				
6 PM	:00				
	:15				
	:30				
	:45				
7 PM	:00				
	:15				
	:30				
	:45				

Week of ___ / ___

TIME		FRIDAY	SATURDAY	SUNDAY	NOTES
8 AM	:00				
	:15				
	:30				
	:45				
9 AM	:00				
	:15				
	:30				
	:45				
10 AM	:00				
	:15				
	:30				
	:45				
11 AM	:00				
	:15				
	:30				
	:45				
12 PM	:00				
	:15				
	:30				
	:45				
1 PM	:00				
	:15				
	:30				
	:45				
2 PM	:00				
	:15				
	:30				
	:45				
3 PM	:00				
	:15				
	:30				
	:45				
4 PM	:00				
	:15				
	:30				
	:45				
5 PM	:00				
	:15				
	:30				
	:45				
6 PM	:00				
	:15				
	:30				
	:45				
7 PM	:00				
	:15				
	:30				
	:45				

Week of ___ / ___

TIME		MONDAY	TUESDAY	WEDNESDAY	THURSDAY
8 AM	:00				
	:15				
	:30				
	:45				
9 AM	:00				
	:15				
	:30				
	:45				
10 AM	:00				
	:15				
	:30				
	:45				
11 AM	:00				
	:15				
	:30				
	:45				
12 PM	:00				
	:15				
	:30				
	:45				
1 PM	:00				
	:15				
	:30				
	:45				
2 PM	:00				
	:15				
	:30				
	:45				
3 PM	:00				
	:15				
	:30				
	:45				
4 PM	:00				
	:15				
	:30				
	:45				
5 PM	:00				
	:15				
	:30				
	:45				
6 PM	:00				
	:15				
	:30				
	:45				
7 PM	:00				
	:15				
	:30				
	:45				

Week of ___ / ___

TIME		FRIDAY	SATURDAY	SUNDAY	NOTES
8 AM	:00				
	:15				
	:30				
	:45				
9 AM	:00				
	:15				
	:30				
	:45				
10 AM	:00				
	:15				
	:30				
	:45				
11 AM	:00				
	:15				
	:30				
	:45				
12 PM	:00				
	:15				
	:30				
	:45				
1 PM	:00				
	:15				
	:30				
	:45				
2 PM	:00				
	:15				
	:30				
	:45				
3 PM	:00				
	:15				
	:30				
	:45				
4 PM	:00				
	:15				
	:30				
	:45				
5 PM	:00				
	:15				
	:30				
	:45				
6 PM	:00				
	:15				
	:30				
	:45				
7 PM	:00				
	:15				
	:30				
	:45				

Week of ___ / ___

TIME		MONDAY	TUESDAY	WEDNESDAY	THURSDAY
8 AM	:00				
	:15				
	:30				
	:45				
9 AM	:00				
	:15				
	:30				
	:45				
10 AM	:00				
	:15				
	:30				
	:45				
11 AM	:00				
	:15				
	:30				
	:45				
12 PM	:00				
	:15				
	:30				
	:45				
1 PM	:00				
	:15				
	:30				
	:45				
2 PM	:00				
	:15				
	:30				
	:45				
3 PM	:00				
	:15				
	:30				
	:45				
4 PM	:00				
	:15				
	:30				
	:45				
5 PM	:00				
	:15				
	:30				
	:45				
6 PM	:00				
	:15				
	:30				
	:45				
7 PM	:00				
	:15				
	:30				
	:45				

Week of ___ / ___

TIME		FRIDAY	SATURDAY	SUNDAY	NOTES
8 AM	:00				
	:15				
	:30				
	:45				
9 AM	:00				
	:15				
	:30				
	:45				
10 AM	:00				
	:15				
	:30				
	:45				
11 AM	:00				
	:15				
	:30				
	:45				
12 PM	:00				
	:15				
	:30				
	:45				
1 PM	:00				
	:15				
	:30				
	:45				
2 PM	:00				
	:15				
	:30				
	:45				
3 PM	:00				
	:15				
	:30				
	:45				
4 PM	:00				
	:15				
	:30				
	:45				
5 PM	:00				
	:15				
	:30				
	:45				
6 PM	:00				
	:15				
	:30				
	:45				
7 PM	:00				
	:15				
	:30				
	:45				

Week of ___ / ___

TIME		MONDAY	TUESDAY	WEDNESDAY	THURSDAY
8 AM	:00				
	:15				
	:30				
	:45				
9 AM	:00				
	:15				
	:30				
	:45				
10 AM	:00				
	:15				
	:30				
	:45				
11 AM	:00				
	:15				
	:30				
	:45				
12 PM	:00				
	:15				
	:30				
	:45				
1 PM	:00				
	:15				
	:30				
	:45				
2 PM	:00				
	:15				
	:30				
	:45				
3 PM	:00				
	:15				
	:30				
	:45				
4 PM	:00				
	:15				
	:30				
	:45				
5 PM	:00				
	:15				
	:30				
	:45				
6 PM	:00				
	:15				
	:30				
	:45				
7 PM	:00				
	:15				
	:30				
	:45				

Week of ___ / ___

TIME		FRIDAY	SATURDAY	SUNDAY	NOTES
8 AM	:00				
	:15				
	:30				
	:45				
9 AM	:00				
	:15				
	:30				
	:45				
10 AM	:00				
	:15				
	:30				
	:45				
11 AM	:00				
	:15				
	:30				
	:45				
12 PM	:00				
	:15				
	:30				
	:45				
1 PM	:00				
	:15				
	:30				
	:45				
2 PM	:00				
	:15				
	:30				
	:45				
3 PM	:00				
	:15				
	:30				
	:45				
4 PM	:00				
	:15				
	:30				
	:45				
5 PM	:00				
	:15				
	:30				
	:45				
6 PM	:00				
	:15				
	:30				
	:45				
7 PM	:00				
	:15				
	:30				
	:45				

Week of ___ / ___

TIME		MONDAY	TUESDAY	WEDNESDAY	THURSDAY
8 AM	:00				
	:15				
	:30				
	:45				
9 AM	:00				
	:15				
	:30				
	:45				
10 AM	:00				
	:15				
	:30				
	:45				
11 AM	:00				
	:15				
	:30				
	:45				
12 PM	:00				
	:15				
	:30				
	:45				
1 PM	:00				
	:15				
	:30				
	:45				
2 PM	:00				
	:15				
	:30				
	:45				
3 PM	:00				
	:15				
	:30				
	:45				
4 PM	:00				
	:15				
	:30				
	:45				
5 PM	:00				
	:15				
	:30				
	:45				
6 PM	:00				
	:15				
	:30				
	:45				
7 PM	:00				
	:15				
	:30				
	:45				

Week of ___ / ___

TIME		FRIDAY	SATURDAY	SUNDAY	NOTES
8 AM	:00				
	:15				
	:30				
	:45				
9 AM	:00				
	:15				
	:30				
	:45				
10 AM	:00				
	:15				
	:30				
	:45				
11 AM	:00				
	:15				
	:30				
	:45				
12 PM	:00				
	:15				
	:30				
	:45				
1 PM	:00				
	:15				
	:30				
	:45				
2 PM	:00				
	:15				
	:30				
	:45				
3 PM	:00				
	:15				
	:30				
	:45				
4 PM	:00				
	:15				
	:30				
	:45				
5 PM	:00				
	:15				
	:30				
	:45				
6 PM	:00				
	:15				
	:30				
	:45				
7 PM	:00				
	:15				
	:30				
	:45				

Week of ___ / ___

TIME		MONDAY	TUESDAY	WEDNESDAY	THURSDAY
8 AM	:00				
	:15				
	:30				
	:45				
9 AM	:00				
	:15				
	:30				
	:45				
10 AM	:00				
	:15				
	:30				
	:45				
11 AM	:00				
	:15				
	:30				
	:45				
12 PM	:00				
	:15				
	:30				
	:45				
1 PM	:00				
	:15				
	:30				
	:45				
2 PM	:00				
	:15				
	:30				
	:45				
3 PM	:00				
	:15				
	:30				
	:45				
4 PM	:00				
	:15				
	:30				
	:45				
5 PM	:00				
	:15				
	:30				
	:45				
6 PM	:00				
	:15				
	:30				
	:45				
7 PM	:00				
	:15				
	:30				
	:45				

Week of ___ / ___

TIME		FRIDAY	SATURDAY	SUNDAY	NOTES
8 AM	:00				
	:15				
	:30				
	:45				
9 AM	:00				
	:15				
	:30				
	:45				
10 AM	:00				
	:15				
	:30				
	:45				
11 AM	:00				
	:15				
	:30				
	:45				
12 PM	:00				
	:15				
	:30				
	:45				
1 PM	:00				
	:15				
	:30				
	:45				
2 PM	:00				
	:15				
	:30				
	:45				
3 PM	:00				
	:15				
	:30				
	:45				
4 PM	:00				
	:15				
	:30				
	:45				
5 PM	:00				
	:15				
	:30				
	:45				
6 PM	:00				
	:15				
	:30				
	:45				
7 PM	:00				
	:15				
	:30				
	:45				

Week of ___ / ___

TIME		MONDAY	TUESDAY	WEDNESDAY	THURSDAY
8 AM	:00				
	:15				
	:30				
	:45				
9 AM	:00				
	:15				
	:30				
	:45				
10 AM	:00				
	:15				
	:30				
	:45				
11 AM	:00				
	:15				
	:30				
	:45				
12 PM	:00				
	:15				
	:30				
	:45				
1 PM	:00				
	:15				
	:30				
	:45				
2 PM	:00				
	:15				
	:30				
	:45				
3 PM	:00				
	:15				
	:30				
	:45				
4 PM	:00				
	:15				
	:30				
	:45				
5 PM	:00				
	:15				
	:30				
	:45				
6 PM	:00				
	:15				
	:30				
	:45				
7 PM	:00				
	:15				
	:30				
	:45				

Week of ___ / ___

TIME		FRIDAY	SATURDAY	SUNDAY	NOTES
8 AM	:00				
	:15				
	:30				
	:45				
9 AM	:00				
	:15				
	:30				
	:45				
10 AM	:00				
	:15				
	:30				
	:45				
11 AM	:00				
	:15				
	:30				
	:45				
12 PM	:00				
	:15				
	:30				
	:45				
1 PM	:00				
	:15				
	:30				
	:45				
2 PM	:00				
	:15				
	:30				
	:45				
3 PM	:00				
	:15				
	:30				
	:45				
4 PM	:00				
	:15				
	:30				
	:45				
5 PM	:00				
	:15				
	:30				
	:45				
6 PM	:00				
	:15				
	:30				
	:45				
7 PM	:00				
	:15				
	:30				
	:45				

Week of ___ / ___

TIME		MONDAY	TUESDAY	WEDNESDAY	THURSDAY
8 AM	:00				
	:15				
	:30				
	:45				
9 AM	:00				
	:15				
	:30				
	:45				
10 AM	:00				
	:15				
	:30				
	:45				
11 AM	:00				
	:15				
	:30				
	:45				
12 PM	:00				
	:15				
	:30				
	:45				
1 PM	:00				
	:15				
	:30				
	:45				
2 PM	:00				
	:15				
	:30				
	:45				
3 PM	:00				
	:15				
	:30				
	:45				
4 PM	:00				
	:15				
	:30				
	:45				
5 PM	:00				
	:15				
	:30				
	:45				
6 PM	:00				
	:15				
	:30				
	:45				
7 PM	:00				
	:15				
	:30				
	:45				

Week of ___ / ___

TIME		FRIDAY	SATURDAY	SUNDAY	NOTES
8 AM	:00				
	:15				
	:30				
	:45				
9 AM	:00				
	:15				
	:30				
	:45				
10 AM	:00				
	:15				
	:30				
	:45				
11 AM	:00				
	:15				
	:30				
	:45				
12 PM	:00				
	:15				
	:30				
	:45				
1 PM	:00				
	:15				
	:30				
	:45				
2 PM	:00				
	:15				
	:30				
	:45				
3 PM	:00				
	:15				
	:30				
	:45				
4 PM	:00				
	:15				
	:30				
	:45				
5 PM	:00				
	:15				
	:30				
	:45				
6 PM	:00				
	:15				
	:30				
	:45				
7 PM	:00				
	:15				
	:30				
	:45				

Week of ___ / ___

TIME		MONDAY	TUESDAY	WEDNESDAY	THURSDAY
8 AM	:00				
	:15				
	:30				
	:45				
9 AM	:00				
	:15				
	:30				
	:45				
10 AM	:00				
	:15				
	:30				
	:45				
11 AM	:00				
	:15				
	:30				
	:45				
12 PM	:00				
	:15				
	:30				
	:45				
1 PM	:00				
	:15				
	:30				
	:45				
2 PM	:00				
	:15				
	:30				
	:45				
3 PM	:00				
	:15				
	:30				
	:45				
4 PM	:00				
	:15				
	:30				
	:45				
5 PM	:00				
	:15				
	:30				
	:45				
6 PM	:00				
	:15				
	:30				
	:45				
7 PM	:00				
	:15				
	:30				
	:45				

Week of ___ / ___

TIME		FRIDAY	SATURDAY	SUNDAY	NOTES
8 AM	:00				
	:15				
	:30				
	:45				
9 AM	:00				
	:15				
	:30				
	:45				
10 AM	:00				
	:15				
	:30				
	:45				
11 AM	:00				
	:15				
	:30				
	:45				
12 PM	:00				
	:15				
	:30				
	:45				
1 PM	:00				
	:15				
	:30				
	:45				
2 PM	:00				
	:15				
	:30				
	:45				
3 PM	:00				
	:15				
	:30				
	:45				
4 PM	:00				
	:15				
	:30				
	:45				
5 PM	:00				
	:15				
	:30				
	:45				
6 PM	:00				
	:15				
	:30				
	:45				
7 PM	:00				
	:15				
	:30				
	:45				

Week of ___ / ___

TIME		MONDAY	TUESDAY	WEDNESDAY	THURSDAY
8 AM	:00				
	:15				
	:30				
	:45				
9 AM	:00				
	:15				
	:30				
	:45				
10 AM	:00				
	:15				
	:30				
	:45				
11 AM	:00				
	:15				
	:30				
	:45				
12 PM	:00				
	:15				
	:30				
	:45				
1 PM	:00				
	:15				
	:30				
	:45				
2 PM	:00				
	:15				
	:30				
	:45				
3 PM	:00				
	:15				
	:30				
	:45				
4 PM	:00				
	:15				
	:30				
	:45				
5 PM	:00				
	:15				
	:30				
	:45				
6 PM	:00				
	:15				
	:30				
	:45				
7 PM	:00				
	:15				
	:30				
	:45				

Week of ___ / ___

TIME		FRIDAY	SATURDAY	SUNDAY	NOTES
8 AM	:00				
	:15				
	:30				
	:45				
9 AM	:00				
	:15				
	:30				
	:45				
10 AM	:00				
	:15				
	:30				
	:45				
11 AM	:00				
	:15				
	:30				
	:45				
12 PM	:00				
	:15				
	:30				
	:45				
1 PM	:00				
	:15				
	:30				
	:45				
2 PM	:00				
	:15				
	:30				
	:45				
3 PM	:00				
	:15				
	:30				
	:45				
4 PM	:00				
	:15				
	:30				
	:45				
5 PM	:00				
	:15				
	:30				
	:45				
6 PM	:00				
	:15				
	:30				
	:45				
7 PM	:00				
	:15				
	:30				
	:45				

Week of ___ / ___

TIME		MONDAY	TUESDAY	WEDNESDAY	THURSDAY
8 AM	:00				
	:15				
	:30				
	:45				
9 AM	:00				
	:15				
	:30				
	:45				
10 AM	:00				
	:15				
	:30				
	:45				
11 AM	:00				
	:15				
	:30				
	:45				
12 PM	:00				
	:15				
	:30				
	:45				
1 PM	:00				
	:15				
	:30				
	:45				
2 PM	:00				
	:15				
	:30				
	:45				
3 PM	:00				
	:15				
	:30				
	:45				
4 PM	:00				
	:15				
	:30				
	:45				
5 PM	:00				
	:15				
	:30				
	:45				
6 PM	:00				
	:15				
	:30				
	:45				
7 PM	:00				
	:15				
	:30				
	:45				

Week of ___ / ___

TIME		FRIDAY	SATURDAY	SUNDAY	NOTES
8 AM	:00				
	:15				
	:30				
	:45				
9 AM	:00				
	:15				
	:30				
	:45				
10 AM	:00				
	:15				
	:30				
	:45				
11 AM	:00				
	:15				
	:30				
	:45				
12 PM	:00				
	:15				
	:30				
	:45				
1 PM	:00				
	:15				
	:30				
	:45				
2 PM	:00				
	:15				
	:30				
	:45				
3 PM	:00				
	:15				
	:30				
	:45				
4 PM	:00				
	:15				
	:30				
	:45				
5 PM	:00				
	:15				
	:30				
	:45				
6 PM	:00				
	:15				
	:30				
	:45				
7 PM	:00				
	:15				
	:30				
	:45				

Week of ___ / ___

TIME		MONDAY	TUESDAY	WEDNESDAY	THURSDAY
8 AM	:00				
	:15				
	:30				
	:45				
9 AM	:00				
	:15				
	:30				
	:45				
10 AM	:00				
	:15				
	:30				
	:45				
11 AM	:00				
	:15				
	:30				
	:45				
12 PM	:00				
	:15				
	:30				
	:45				
1 PM	:00				
	:15				
	:30				
	:45				
2 PM	:00				
	:15				
	:30				
	:45				
3 PM	:00				
	:15				
	:30				
	:45				
4 PM	:00				
	:15				
	:30				
	:45				
5 PM	:00				
	:15				
	:30				
	:45				
6 PM	:00				
	:15				
	:30				
	:45				
7 PM	:00				
	:15				
	:30				
	:45				

Week of ___ / ___

TIME		FRIDAY	SATURDAY	SUNDAY	NOTES
8 AM	:00				
	:15				
	:30				
	:45				
9 AM	:00				
	:15				
	:30				
	:45				
10 AM	:00				
	:15				
	:30				
	:45				
11 AM	:00				
	:15				
	:30				
	:45				
12 PM	:00				
	:15				
	:30				
	:45				
1 PM	:00				
	:15				
	:30				
	:45				
2 PM	:00				
	:15				
	:30				
	:45				
3 PM	:00				
	:15				
	:30				
	:45				
4 PM	:00				
	:15				
	:30				
	:45				
5 PM	:00				
	:15				
	:30				
	:45				
6 PM	:00				
	:15				
	:30				
	:45				
7 PM	:00				
	:15				
	:30				
	:45				

Week of ___ / ___

TIME		MONDAY	TUESDAY	WEDNESDAY	THURSDAY
8 AM	:00				
	:15				
	:30				
	:45				
9 AM	:00				
	:15				
	:30				
	:45				
10 AM	:00				
	:15				
	:30				
	:45				
11 AM	:00				
	:15				
	:30				
	:45				
12 PM	:00				
	:15				
	:30				
	:45				
1 PM	:00				
	:15				
	:30				
	:45				
2 PM	:00				
	:15				
	:30				
	:45				
3 PM	:00				
	:15				
	:30				
	:45				
4 PM	:00				
	:15				
	:30				
	:45				
5 PM	:00				
	:15				
	:30				
	:45				
6 PM	:00				
	:15				
	:30				
	:45				
7 PM	:00				
	:15				
	:30				
	:45				

Week of ___ / ___

TIME		FRIDAY	SATURDAY	SUNDAY	NOTES
8 AM	:00				
	:15				
	:30				
	:45				
9 AM	:00				
	:15				
	:30				
	:45				
10 AM	:00				
	:15				
	:30				
	:45				
11 AM	:00				
	:15				
	:30				
	:45				
12 PM	:00				
	:15				
	:30				
	:45				
1 PM	:00				
	:15				
	:30				
	:45				
2 PM	:00				
	:15				
	:30				
	:45				
3 PM	:00				
	:15				
	:30				
	:45				
4 PM	:00				
	:15				
	:30				
	:45				
5 PM	:00				
	:15				
	:30				
	:45				
6 PM	:00				
	:15				
	:30				
	:45				
7 PM	:00				
	:15				
	:30				
	:45				

Week of ___ / ___

TIME		MONDAY	TUESDAY	WEDNESDAY	THURSDAY
8 AM	:00				
	:15				
	:30				
	:45				
9 AM	:00				
	:15				
	:30				
	:45				
10 AM	:00				
	:15				
	:30				
	:45				
11 AM	:00				
	:15				
	:30				
	:45				
12 PM	:00				
	:15				
	:30				
	:45				
1 PM	:00				
	:15				
	:30				
	:45				
2 PM	:00				
	:15				
	:30				
	:45				
3 PM	:00				
	:15				
	:30				
	:45				
4 PM	:00				
	:15				
	:30				
	:45				
5 PM	:00				
	:15				
	:30				
	:45				
6 PM	:00				
	:15				
	:30				
	:45				
7 PM	:00				
	:15				
	:30				
	:45				

Week of ___ / ___

TIME		FRIDAY	SATURDAY	SUNDAY	NOTES
8 AM	:00				
	:15				
	:30				
	:45				
9 AM	:00				
	:15				
	:30				
	:45				
10 AM	:00				
	:15				
	:30				
	:45				
11 AM	:00				
	:15				
	:30				
	:45				
12 PM	:00				
	:15				
	:30				
	:45				
1 PM	:00				
	:15				
	:30				
	:45				
2 PM	:00				
	:15				
	:30				
	:45				
3 PM	:00				
	:15				
	:30				
	:45				
4 PM	:00				
	:15				
	:30				
	:45				
5 PM	:00				
	:15				
	:30				
	:45				
6 PM	:00				
	:15				
	:30				
	:45				
7 PM	:00				
	:15				
	:30				
	:45				

Week of ___ / ___

TIME		MONDAY	TUESDAY	WEDNESDAY	THURSDAY
8 AM	:00				
	:15				
	:30				
	:45				
9 AM	:00				
	:15				
	:30				
	:45				
10 AM	:00				
	:15				
	:30				
	:45				
11 AM	:00				
	:15				
	:30				
	:45				
12 PM	:00				
	:15				
	:30				
	:45				
1 PM	:00				
	:15				
	:30				
	:45				
2 PM	:00				
	:15				
	:30				
	:45				
3 PM	:00				
	:15				
	:30				
	:45				
4 PM	:00				
	:15				
	:30				
	:45				
5 PM	:00				
	:15				
	:30				
	:45				
6 PM	:00				
	:15				
	:30				
	:45				
7 PM	:00				
	:15				
	:30				
	:45				

Week of ___ / ___

TIME		FRIDAY	SATURDAY	SUNDAY	NOTES
8 AM	:00				
	:15				
	:30				
	:45				
9 AM	:00				
	:15				
	:30				
	:45				
10 AM	:00				
	:15				
	:30				
	:45				
11 AM	:00				
	:15				
	:30				
	:45				
12 PM	:00				
	:15				
	:30				
	:45				
1 PM	:00				
	:15				
	:30				
	:45				
2 PM	:00				
	:15				
	:30				
	:45				
3 PM	:00				
	:15				
	:30				
	:45				
4 PM	:00				
	:15				
	:30				
	:45				
5 PM	:00				
	:15				
	:30				
	:45				
6 PM	:00				
	:15				
	:30				
	:45				
7 PM	:00				
	:15				
	:30				
	:45				

Week of ___ / ___

TIME		MONDAY	TUESDAY	WEDNESDAY	THURSDAY
8 AM	:00				
	:15				
	:30				
	:45				
9 AM	:00				
	:15				
	:30				
	:45				
10 AM	:00				
	:15				
	:30				
	:45				
11 AM	:00				
	:15				
	:30				
	:45				
12 PM	:00				
	:15				
	:30				
	:45				
1 PM	:00				
	:15				
	:30				
	:45				
2 PM	:00				
	:15				
	:30				
	:45				
3 PM	:00				
	:15				
	:30				
	:45				
4 PM	:00				
	:15				
	:30				
	:45				
5 PM	:00				
	:15				
	:30				
	:45				
6 PM	:00				
	:15				
	:30				
	:45				
7 PM	:00				
	:15				
	:30				
	:45				

Week of ___ / ___

TIME		FRIDAY	SATURDAY	SUNDAY	NOTES
8 AM	:00				
	:15				
	:30				
	:45				
9 AM	:00				
	:15				
	:30				
	:45				
10 AM	:00				
	:15				
	:30				
	:45				
11 AM	:00				
	:15				
	:30				
	:45				
12 PM	:00				
	:15				
	:30				
	:45				
1 PM	:00				
	:15				
	:30				
	:45				
2 PM	:00				
	:15				
	:30				
	:45				
3 PM	:00				
	:15				
	:30				
	:45				
4 PM	:00				
	:15				
	:30				
	:45				
5 PM	:00				
	:15				
	:30				
	:45				
6 PM	:00				
	:15				
	:30				
	:45				
7 PM	:00				
	:15				
	:30				
	:45				

Week of ___ / ___

TIME		MONDAY	TUESDAY	WEDNESDAY	THURSDAY
8 AM	:00				
	:15				
	:30				
	:45				
9 AM	:00				
	:15				
	:30				
	:45				
10 AM	:00				
	:15				
	:30				
	:45				
11 AM	:00				
	:15				
	:30				
	:45				
12 PM	:00				
	:15				
	:30				
	:45				
1 PM	:00				
	:15				
	:30				
	:45				
2 PM	:00				
	:15				
	:30				
	:45				
3 PM	:00				
	:15				
	:30				
	:45				
4 PM	:00				
	:15				
	:30				
	:45				
5 PM	:00				
	:15				
	:30				
	:45				
6 PM	:00				
	:15				
	:30				
	:45				
7 PM	:00				
	:15				
	:30				
	:45				

Week of ___ / ___

TIME		FRIDAY	SATURDAY	SUNDAY	NOTES
8 AM	:00				
	:15				
	:30				
	:45				
9 AM	:00				
	:15				
	:30				
	:45				
10 AM	:00				
	:15				
	:30				
	:45				
11 AM	:00				
	:15				
	:30				
	:45				
12 PM	:00				
	:15				
	:30				
	:45				
1 PM	:00				
	:15				
	:30				
	:45				
2 PM	:00				
	:15				
	:30				
	:45				
3 PM	:00				
	:15				
	:30				
	:45				
4 PM	:00				
	:15				
	:30				
	:45				
5 PM	:00				
	:15				
	:30				
	:45				
6 PM	:00				
	:15				
	:30				
	:45				
7 PM	:00				
	:15				
	:30				
	:45				

Week of ___ / ___

TIME		MONDAY	TUESDAY	WEDNESDAY	THURSDAY
8 AM	:00				
	:15				
	:30				
	:45				
9 AM	:00				
	:15				
	:30				
	:45				
10 AM	:00				
	:15				
	:30				
	:45				
11 AM	:00				
	:15				
	:30				
	:45				
12 PM	:00				
	:15				
	:30				
	:45				
1 PM	:00				
	:15				
	:30				
	:45				
2 PM	:00				
	:15				
	:30				
	:45				
3 PM	:00				
	:15				
	:30				
	:45				
4 PM	:00				
	:15				
	:30				
	:45				
5 PM	:00				
	:15				
	:30				
	:45				
6 PM	:00				
	:15				
	:30				
	:45				
7 PM	:00				
	:15				
	:30				
	:45				

Week of ___ / ___

TIME		FRIDAY	SATURDAY	SUNDAY	NOTES
8 AM	:00				
	:15				
	:30				
	:45				
9 AM	:00				
	:15				
	:30				
	:45				
10 AM	:00				
	:15				
	:30				
	:45				
11 AM	:00				
	:15				
	:30				
	:45				
12 PM	:00				
	:15				
	:30				
	:45				
1 PM	:00				
	:15				
	:30				
	:45				
2 PM	:00				
	:15				
	:30				
	:45				
3 PM	:00				
	:15				
	:30				
	:45				
4 PM	:00				
	:15				
	:30				
	:45				
5 PM	:00				
	:15				
	:30				
	:45				
6 PM	:00				
	:15				
	:30				
	:45				
7 PM	:00				
	:15				
	:30				
	:45				

Week of ___ / ___

TIME		MONDAY	TUESDAY	WEDNESDAY	THURSDAY
8 AM	:00				
	:15				
	:30				
	:45				
9 AM	:00				
	:15				
	:30				
	:45				
10 AM	:00				
	:15				
	:30				
	:45				
11 AM	:00				
	:15				
	:30				
	:45				
12 PM	:00				
	:15				
	:30				
	:45				
1 PM	:00				
	:15				
	:30				
	:45				
2 PM	:00				
	:15				
	:30				
	:45				
3 PM	:00				
	:15				
	:30				
	:45				
4 PM	:00				
	:15				
	:30				
	:45				
5 PM	:00				
	:15				
	:30				
	:45				
6 PM	:00				
	:15				
	:30				
	:45				
7 PM	:00				
	:15				
	:30				
	:45				